Impressum
Verlag: BABADADA GmbH, Nedderfeld 112 , 22529 Hamburg
Geschäftsführer / Verlagsleitung: Harald Hof
Druck: Books on Demand GmbH, In de Tarpen 42, 22848 Norderstedt

Imprint
Publisher: BABADADA GmbH, Nedderfeld 112 , 22529 Hamburg, Germany
Managing Director / Publishing direction: Harald Hof
Print: Books on Demand GmbH, In de Tarpen 42, 22848 Norderstedt

duɗal

colegio

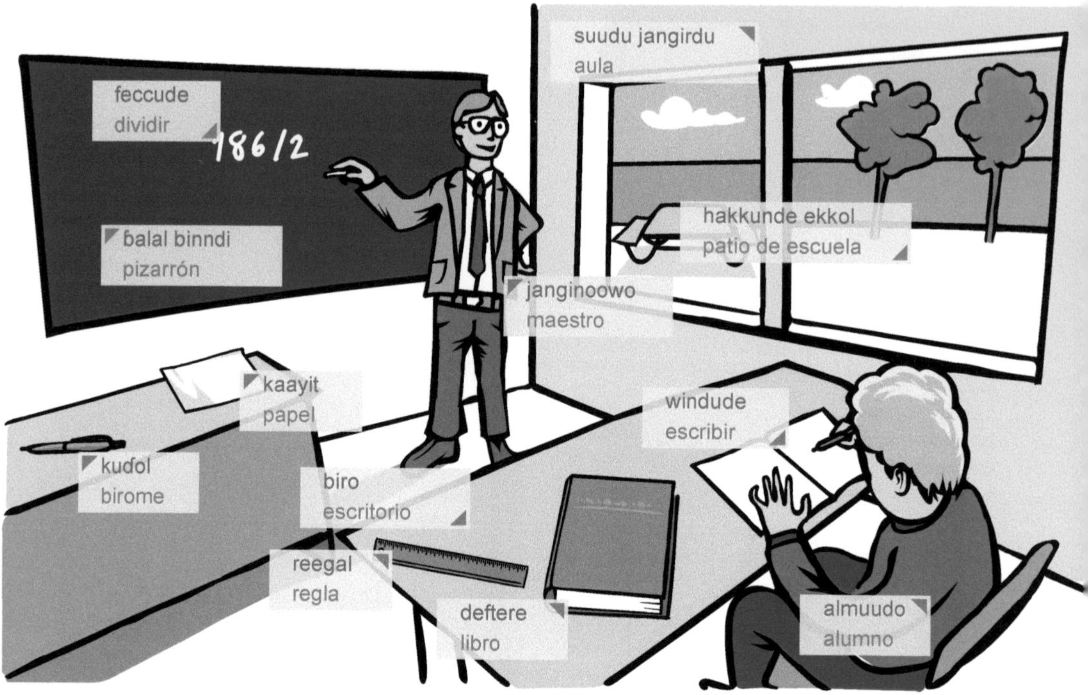

suudu jangirdu
aula
feccude
dividir
186/2
ɓalal binndi
pizarrón
hakkunde ekkol
patio de escuela
janginoowo
maestro
kaayit
papel
windude
escribir
kuɗol
birome
biro
escritorio
reegal
regla
deftere
libro
almuudo
alumno

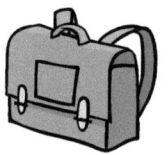

kartaabal

mochila

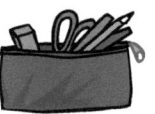

moftirdo kereyonji

caja de lápices

kereyo

lápiz

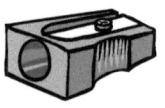

ceeɓnirgel kereyon

sacapuntas

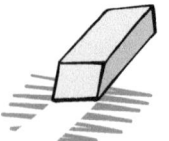

momtirgel

goma (de borrar)

alluwal ciifirgal

bloc de dibujo

ciifgol

dibujo

limsere pentirteeɗo

pincel

suwo pentirɗo

caja de pinturas

sisooji

tijera

ɗakkorgal

pegamento

deftere ekkorgal

cuaderno de ejercicios

golle janŋde

tarea

niimara

número

ɓeydude

sumar

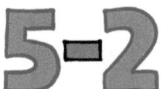

ustude

restar

ɓeydude keeweendi

multiplicar

qimaade

calcular

ɓataake

letra

karfeeje

abecedario

kongol

palabra

bindol

texto

jangude

leer

bindirgal

tiza

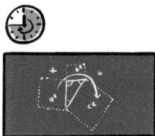

darsu

lección

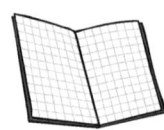

winditaade

cuaderno de clase

egsame

examen

sartifika

certificado

comcol duɗal

uniforme escolar

janŋde

educación

ansikolopedi

enciclopedia

duɗal jaaɓi haɗtirde

universidad

mikoroskop

microscopio

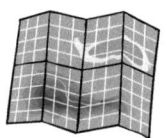

kartal

mapa

suwo kurjut

tacho (de basura)

ɗannagol
viaje

otel
hotel
Grand
obers
hostel
ROOMS
nokku beccugol e neldugol
casa de cambio
waxannde
valija
oto
auto

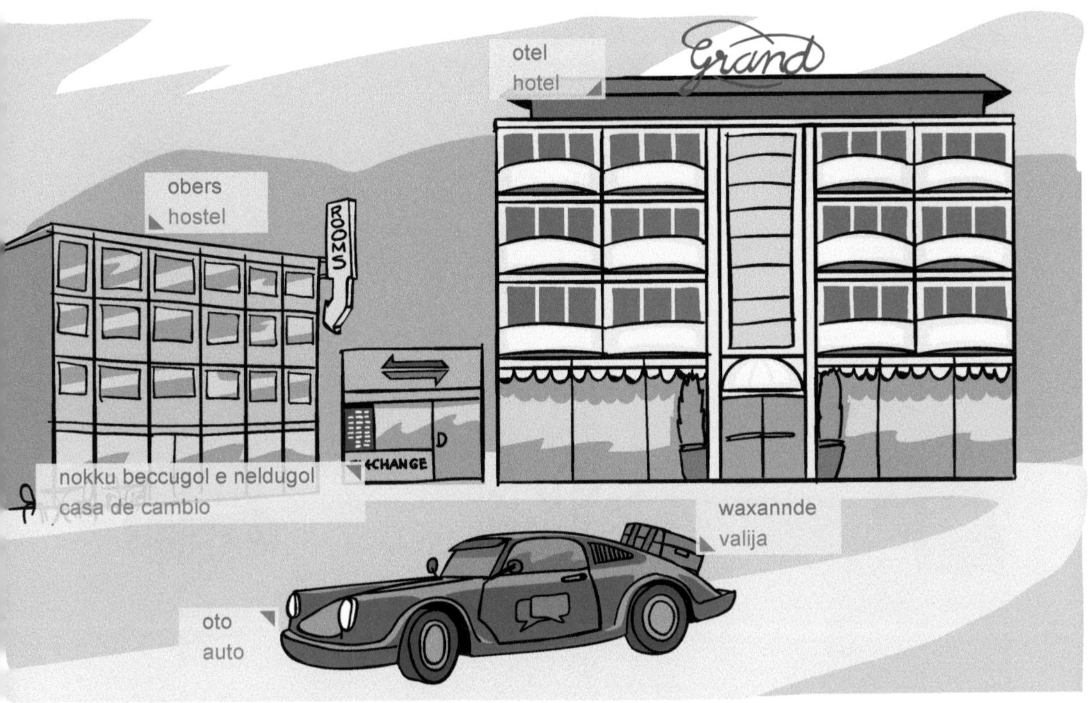

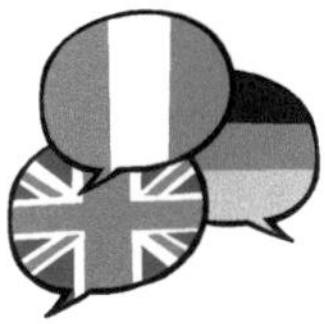

ɗemngal

idioma

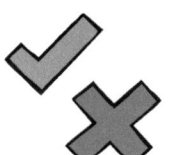

Eey / ala

sí / no

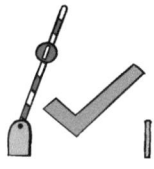

Moyƴi

Está bien

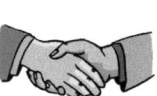

mbaɗɗa

hola

pirtoowo

traductor

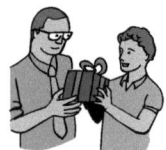

A jaraama

Gracias

no foti…?

¿cuánto cuesta…?

Mi faamaani

No entiendo

hanmi

problema

Jam hiri!

¡Buenas tardes!

Jam waali!

¡Buenos días!

Mbaalen e jam!

¡Buenas noches!

ñande woɗnde

adiós

laawol

dirección

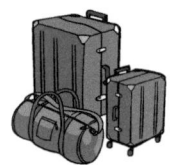

bagaas

equipaje

saawdu

bolso

saawdu wambateendu

mochila

koɗo

invitado

suudu

habitación

njegenaaw

bolsa de dormir

caalel ladde

carpa

kabaruuji tuurist

información turística

tufnde

playa

kartal banke

tarjeta de crédito

kacitaari

desayuno

bottaari

almuerzo

hiraande

cena

biye

pasaje

suutde

ascensor

tampon

sello

keerol

frontera

duwaan

aduana

ambasad

embajada

wiisa

visa

paaspoor

pasaporte

taraspoor
transporte

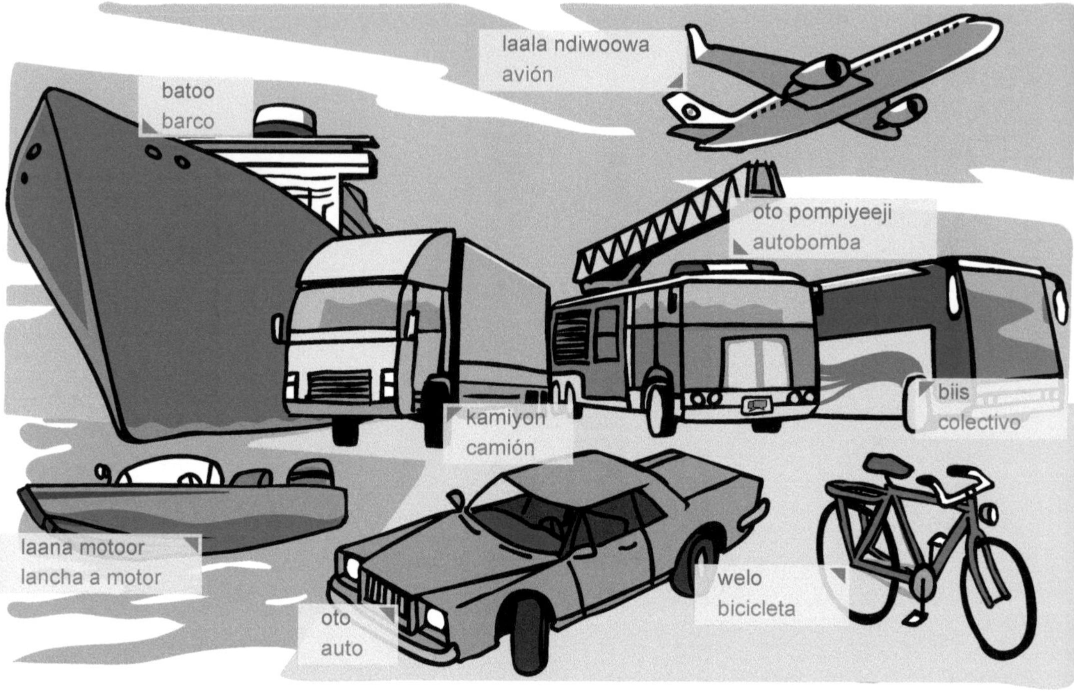

laala ndiwoowa
avión
batoo
barco
oto pompiyeeji
autobomba
biis
colectivo
kamiyon
camión
laana motoor
lancha a motor
welo
bicicleta
oto
auto

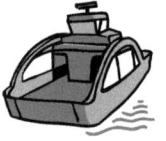

batoo

ferry

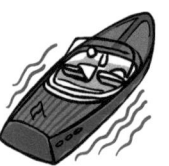

laana

bote

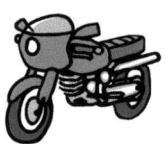

welo

moto

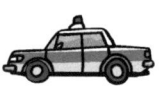

oto polis

patrullero

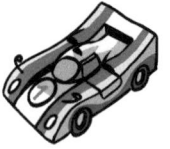

oto dogirteeɗo

auto de carreras

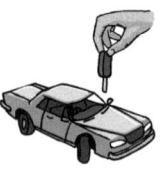

oto luwateeɗo

auto de alquiler

dendugol oto

alquiler de autos

oto dandoowo goɗɗo

grúa

oto kurjut

camión de basura

motoor

motor

karbiran

nafta

nokku esaans

estación de servicio

tintinooje yaangarta

señal de tránsito

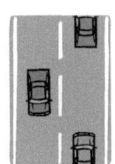

yaa ngarta

tránsito

jiiɓo yaa ngarta

embotellamiento

dingiral otooji

estacionamiento

dingiral laana leydi

estación de tren

laaɓi

vías

laana leydi

tren

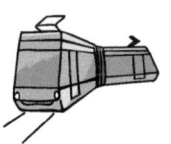

laana ndegoowa

tranvía

saret

vagón

elikopteer

helicóptero

ayrepoor

aeropuerto

tuur

torre

wonɓe e laana

pasajero

konteneer

contenedor

karton

caja de cartón

duñirgel kaake

carretilla

basket

canasta

diwde / juuraade

despegar / aterrizar

wuro mowngu

ciudad

wuro

pueblo

hakkunde wuru wowngo

centro de ciudad

galle

casa

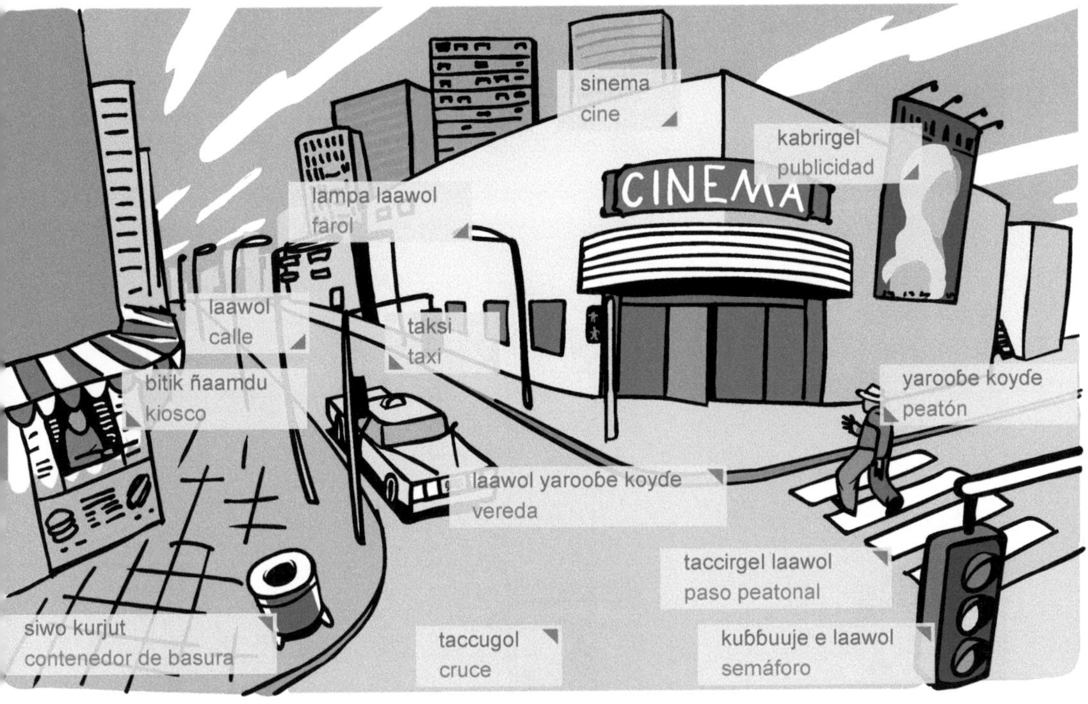

sinema
cine
kabrirgel
publicidad
CINEMA
lampa laawol
farol
laawol
calle
taksi
taxi
bitik ñaamdu
kiosco
yarooɓe koyɗe
peatón
laawol yarooɓe koyɗe
vereda
taccirgel laawol
paso peatonal
siwo kurjut
contenedor de basura
taccugol
cruce
kuɓɓuuje e laawol
semáforo

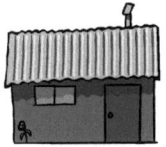

tiba

cabaña

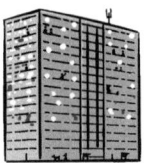

ko foti

departamento

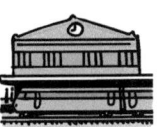

dingiral laana leydi

estación de tren

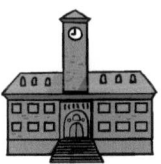

meeri

municipalidad

MUSEUM

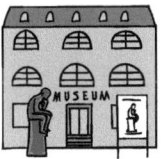

miise

museo

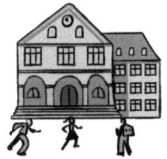

duɗal

colegio

dudal jaaɓi hadtirde

universidad

banke

banco

suudu safirdu

hospital

otel

hotel

farmasi

farmacia

gollirgal

oficina

suudu defte

librería

bitik

negocio

jeyoowo fuloraaji

florería

sipermarse

supermercado

jeere

mercado

madase mawɗo

grandes tiendas

jeyoowo liɗɗi

pescadería

nokku coodateeɗo

centro comercial

poor

puerto

park

parque

jooɗorgal

banco

taccirgal

puente

ŋabbirɗe

escaleras

laawol metero

subte

laawul les leydi

túnel

fongo biis

parada del colectivo

baar

bar

restora

restaurante

buwaat postaal

buzón

lewñowel laawol

letrero

to otooji ndaroto

parquímetro

nokku kullon

zoológico

pisin

pileta

jama

mezquita

ngesa

granja

gakkingol hendu

contaminación

bammule

cementerio

egiliis

iglesia

dingiral

juegos infantiles

tampl

templo

yiyande taariinde
paisaje

baramlefol
hoja

tugayal tintinirgal
poste indicador

laawol
camino

Huɗo sukkuko
pradera

haayre
piedra

lekki
árbol

ŋayloowo
excursionista

maayo
río

huɗo
hierba

fuloor
flor

nokku kaañe mawɗe to
ndiyam dogata
valle

waande

montaña

weedu

lago

ladde

bosque

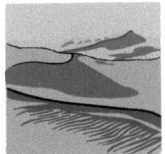

ladde yoornde

desierto

wolkan

volcán

satoo

castillo

timtimol

arco iris

sampiñon

champiñón

leki palm

palmera

ɓowngu

mosquito

diwde

mosca

njabala

hormiga

mbuubu ñaak

abeja

njabala

araña

hoowoyre keppoore

escarabajo

faabru

rana

doomburu ladde

ardilla

sammunde

erizo

fowru

liebre

pubbuɓal

lechuza

colel

pájaro

kakeleewal ladde

cisne

mbabba tugal

jabalí

lella

ciervo

Nagge nde galladi cate

alce

baraas

presa

masiŋel battowel hendu
jeynge

aerogenerador

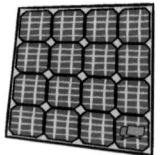

Lowowel nguleeki

panel solar

kilima

clima

restora

restaurante

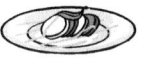

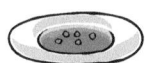

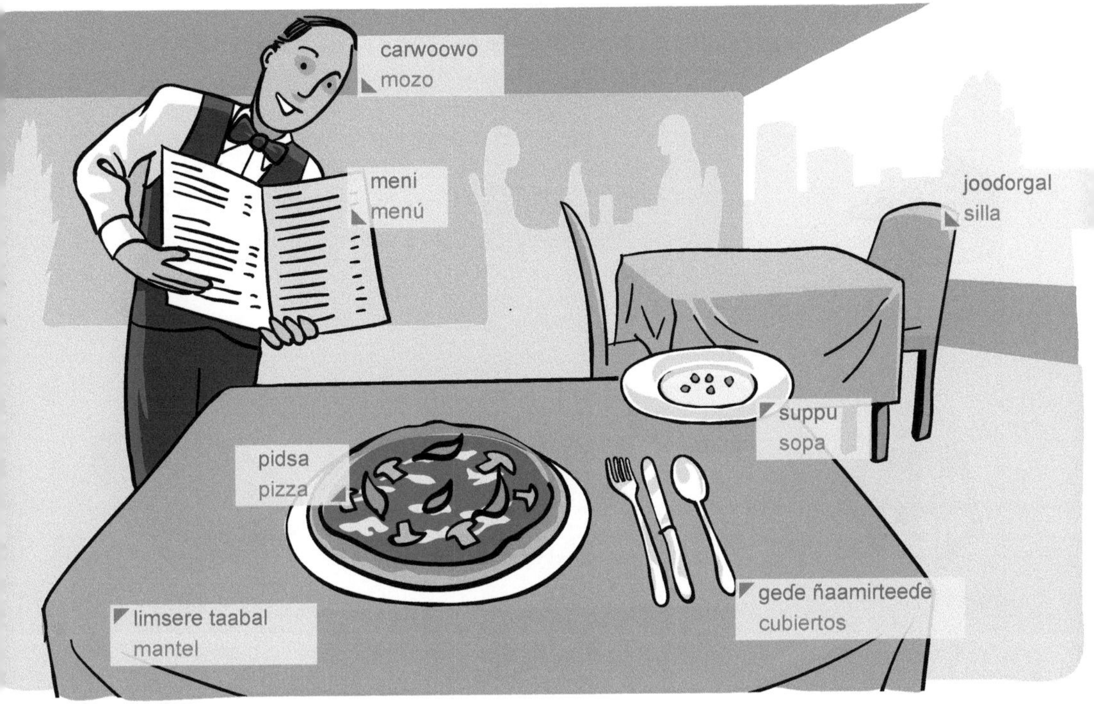

carwoowo
mozo
meni
menú
joodorgal
silla
suppu
sopa
pidsa
pizza
geɗe ñaamirteeɗe
cubiertos
limsere taabal
mantel

tongitirgel

entrada

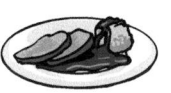

ñaamdu nguraandi

plato principal

tuftorogol

postre

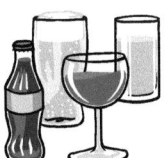

njaram

bebidas

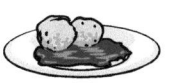

ñaamdu

comida

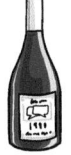

butel

botella

fast fud

comida rápida

ñaamdu laawol

comida callejera

baraade

tetera

cupayel suukara

azucarera

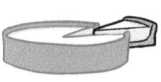

geɗel

porción

Masinŋ kafe

cafetera expreso

jooɗorgal toowngal

sillita alta

biye

cuenta

ñorgo

bandeja

paaka

cuchillo

furset

tenedor

kuddu

cuchara

nokkere kuddu

cucharita

sarbet

servilleta

weer

vaso

palaat

plato

palaat suppu

plato hondo

cupayel

plato

soos

salsa

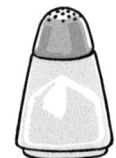

pot lamɗam

salero

moññirgal poobar

molinillo de pimienta

bineegara

vinagre

nebam

aceite

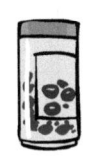

kaaɗnooje

especias

ketsap

kétchup

muttard

mostaza

mayonees

mayonesa

sipermarse
supermercado

ngustugul coggu
oferta especial
kiliyaan
cliente
kosameeje
lácteos
ɓikkon leɗɗe
fruta
daasirgel
changuito
FOR

BUTCHERS

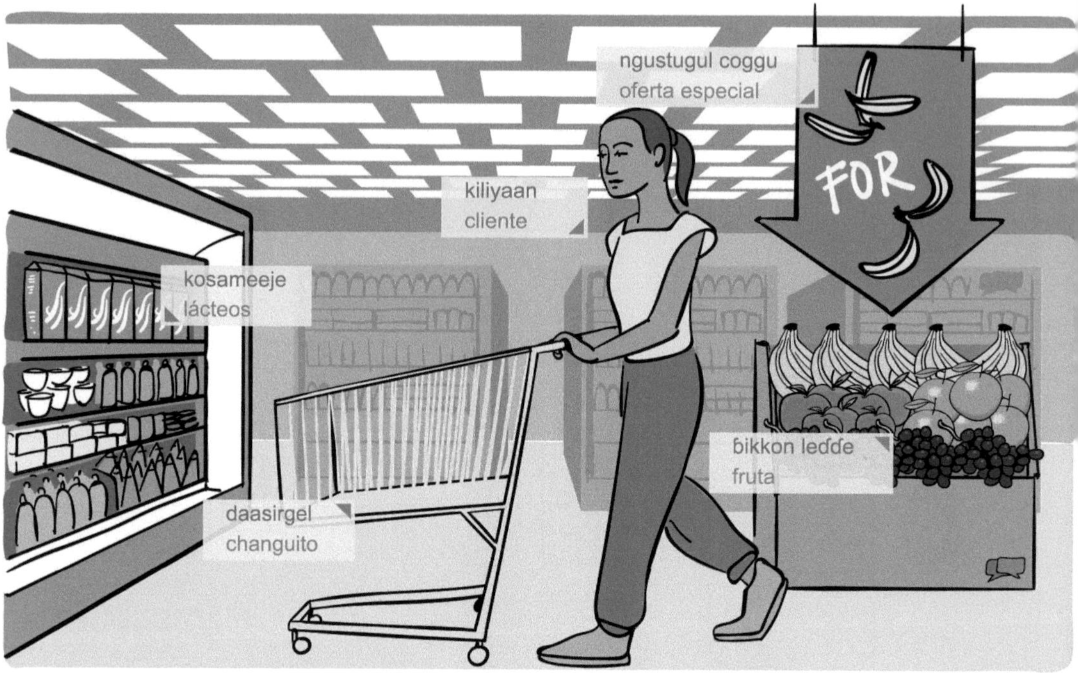

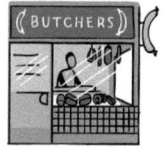

jeyoowo teew nagge

carnicería

BAKERY

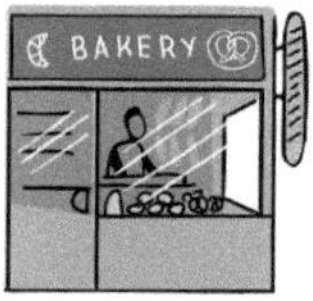

juɗoowo mburu

panadería

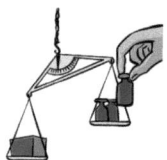

ɓetde

pesar

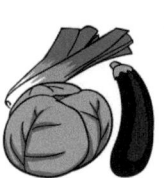

lijim

verduras

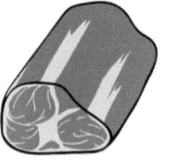

teew

carne

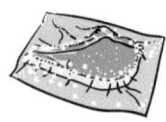

ñaamdu ɓumnaandu

alimentos congelados

teew moftaaɗo

fiambres

ñaamdu nder buwat

alimentos enlatados

condi lawyĩrteendu

detergente en polvo

bonboonji

golosinas

geɗe ngurdaaɗe

electrodomésticos

porodiwiiji laaɓnirni

productos de limpieza

julaaajo

vendedora

haa

caja

kestotooɗo

cajero

limto coodateeɗi

lista de compras

waktuuji golle

horario de atención

kalbe

billetera

kartal banke

tarjeta de crédito

saak

cartera

saak dalli

bolsa de plástico

ndiyam

agua

njaram

jugo

kosam

leche

ŷulmere

bebida cola

sangara

vino

sangara

cerveza

sangara

alcohol

kakao

cacao

ataaya

té

kafe

café

kafe jon jooni

café expreso

kafe italinaaɓe

cappuccino

banaana

banana

pom

manzana

oraas

naranja

dende

melón

limonŋ

limón

karot

zanahoria

laay

ajo

lekki bambu

bambú

basalle

cebolla

sampiñon

champiñón

gerte

nueces

espageti

fideos

espageti

tallarines

maaro

arroz

salaat

ensalada

firit

papas fritas

faatat cahaaɗo

papas fritas

pidsa

pizza

amburgeer

hamburguesa

sandiwis

sándwich

buhal baddangal e lijim

churrasco

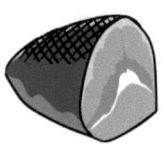

buhal teew

jamón

kaane biyeteeɗo sosison

salame

sosis

salchicha

gertogal

pollo

defaɗum

asado

liingu

pescado

ndefu gabbe kuwakeer

copos de avena

njilbundi abuwaan e gabbe godɗe

muesli

kornfelek

copos de maíz

farin

harina

kurwasa

medialuna

pe o le

pancito

mburu

pan

mburu juɗaaɗo

tostada

mbiskit

galletitas

nebam boor

manteca

kosam kaaɗɗam

cuajada

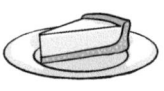

gato

torta

boccoonde

huevo

moccoonde fasnaande

huevo frito

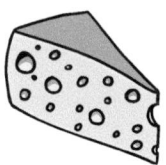

foromaas

queso

ñaamdu - comida

kerem galaas
helado

suukara
azúcar

njuumri
miel

teew nagge
mermelada

nirkugol sokkola
pasta de chocolate

suppu kaane
curry

ñaamdu - comida

ngesa
granja

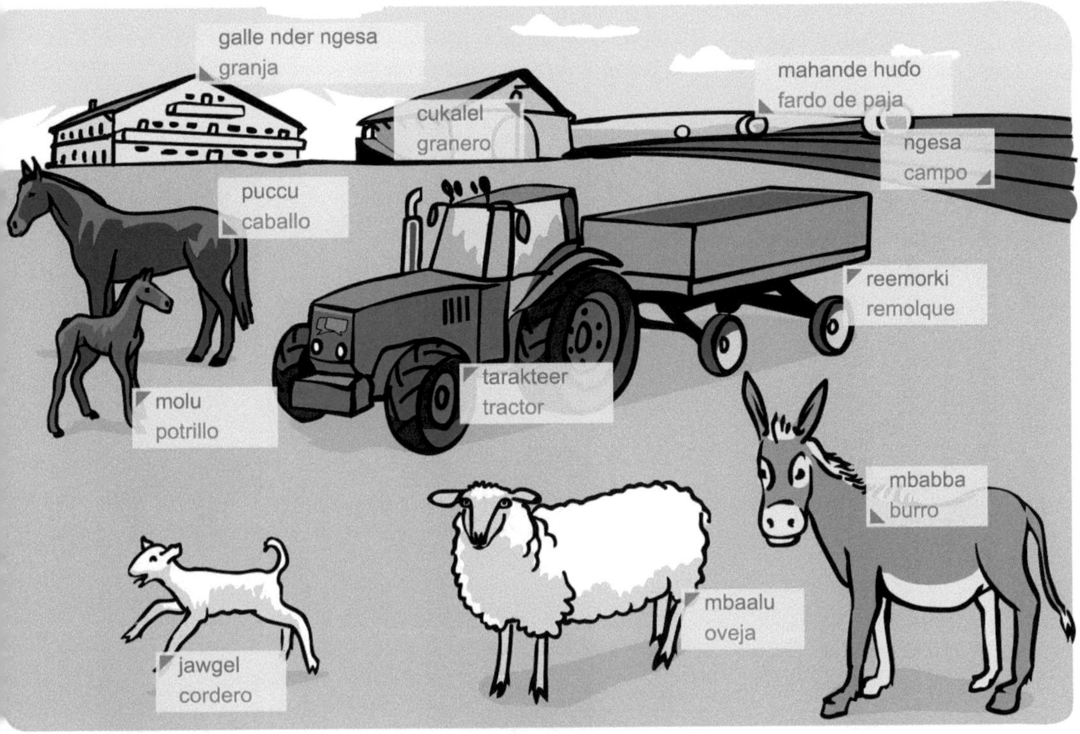

galle nder ngesa
granja
cukalel
granero
mahande huɗo
fardo de paja
ngesa
campo
puccu
caballo
reemorki
remolque
tarakteer
tractor
molu
potrillo
mbabba
burro
mbaalu
oveja
jawgel
cordero

ndamdi

cabra

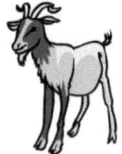

nagge

vaca

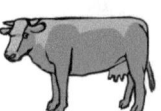

mbeewa

ternero

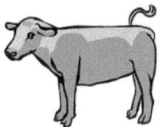

mbabba tugal

cerdo

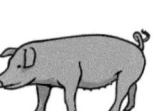

ɓingel mbabba tugal

lechón

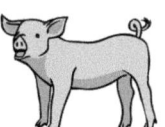

ngaari ladde

toro

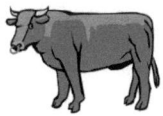

jarlal ladde
ganso

gerlal
pato

cofel
pollo

jarlal
gallina

ngori
gallo

doomburu
rata

ullundu
gato

doomburu
ratón

nagge
buey

rawaandu
perro

nokku dawaaɗi
cucha

tiwo sardin
manguera

doosirgal
regadera

wofdu mawndu
guadaña

masinŋ demoowo
arado

wofdu

hoz

coppirgal

azada

rato

horquilla

hakkunde

hacha

buruwet

carretilla

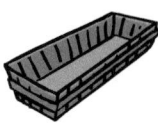

mbalka

abrevadero

kosam buwat

lechera

saak

bolsa

kalasal galle

reja

nokku pucci

establo

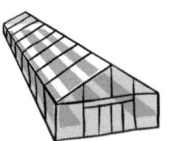

inexistant

invernadero

leydi

suelo

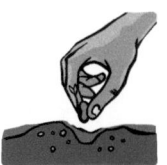

abbere

semilla

nguurtinooje leydi

fertilizador

masinŋ coñirteeɗo

cosechadora

soñde

cosechar

soñde

cosecha

ñambi

batatas

bele

trigo

soja

soja

faatat

papa

maka

maíz

abbere lekki kolsa

semilla de colza

lekki firwiiji

árbol frutal

ñambi

mandioca

sereyaal

cereales

galle
casa

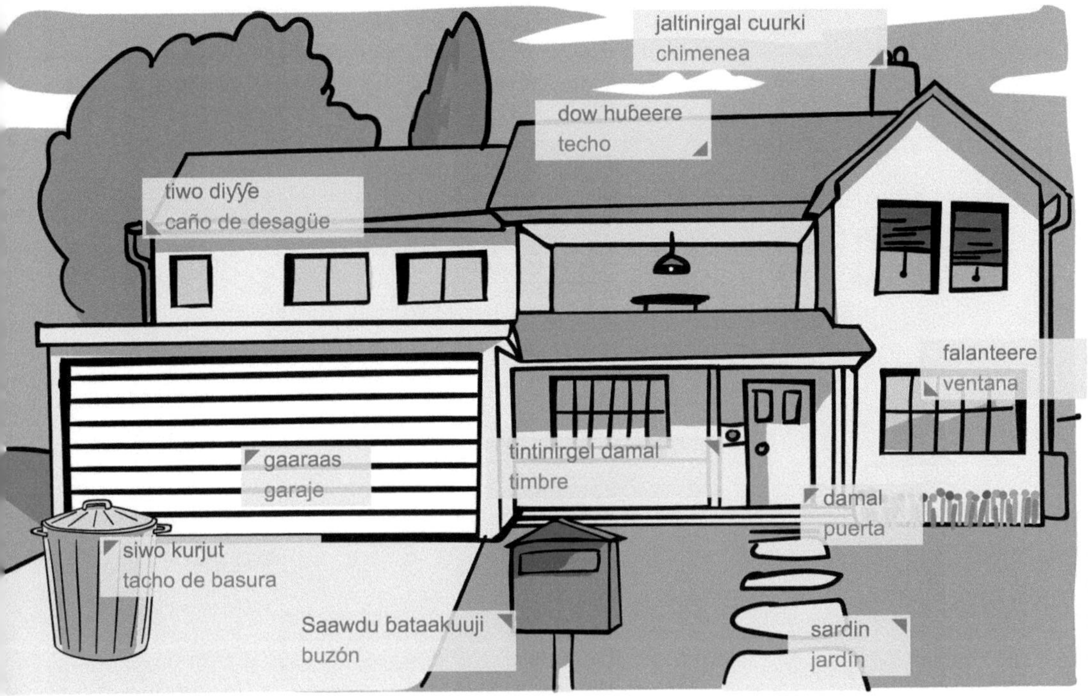

jaltinirgal cuurki
chimenea
dow huɓeere
techo
tiwo diƴƴe
caño de desagüe
falanteere
ventana
gaaraas
garaje
tintinirgel damal
timbre
damal
puerta
siwo kurjut
tacho de basura
Saawdu ɓataakuuji
buzón
sardin
jardín

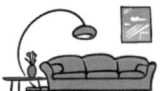

suudu yeewtere

living

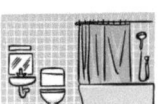

tarodde

baño

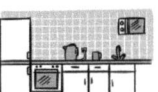

waañ

cocina

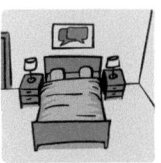

suudu waalduru

dormitorio

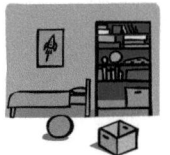

suudu sakaaɓe

cuarto de los chicos

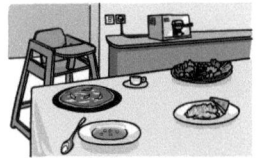

suudu hiraande

comedor

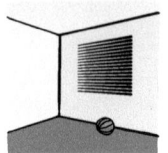

karawal

piso

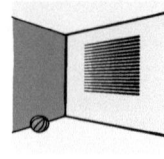

ɓalal

pared

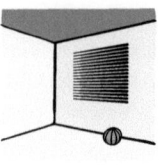

asamaan suudu

cielorraso

faawru

sótano

soona e ɗemngal farase

sauna

balko

balcón

teeraas

terraza

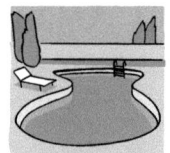

pisin

pileta

keefoowo huɗo

cortadora de pasto

darap

sábana

darap

acolchado

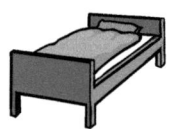

leeso

cama

pittirgal

escoba

suwo

balde

ñifirgel

interruptor

suudu yeewtere
living

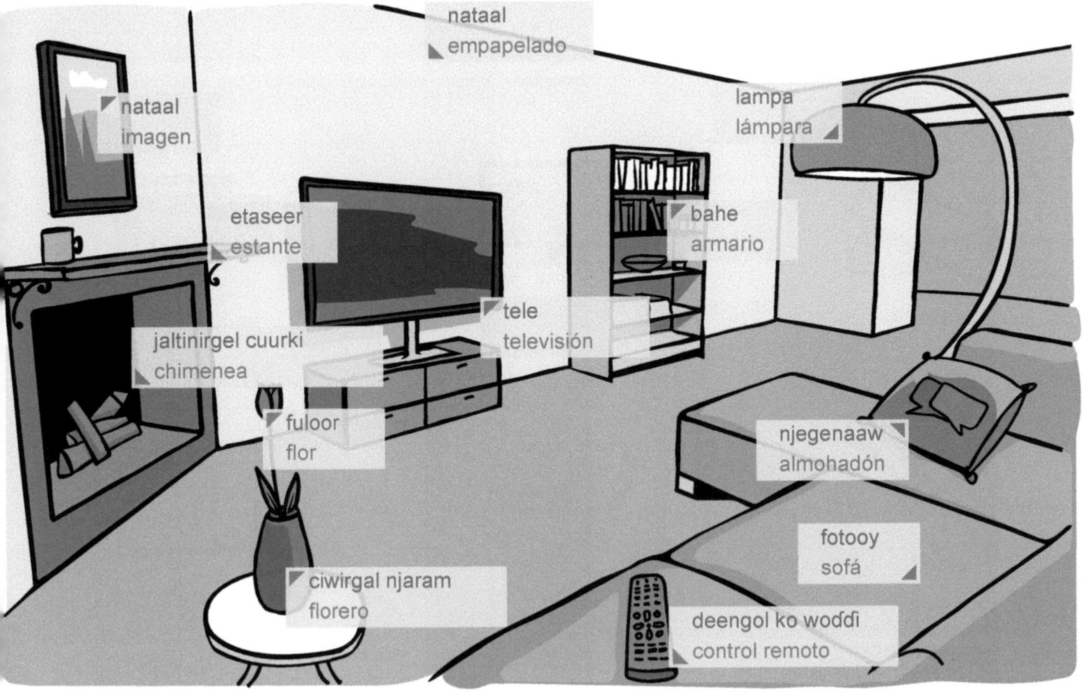
nataal
empapelado
nataal
imagen
lampa
lámpara
etaseer
estante
bahe
armario
tele
televisión
jaltinirgel cuurki
chimenea
fuloor
flor
njegenaaw
almohadón
fotooy
sofá
ciwirgal njaram
florero
deengol ko woɗɗi
control remoto

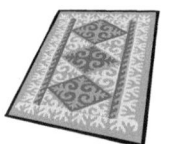

tappi

alfombra

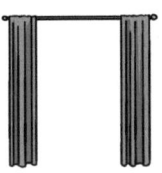

rido

cortina

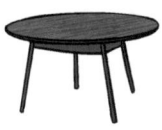

taabal

mesa

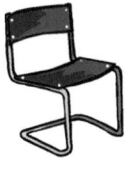

jooɗorgal

silla

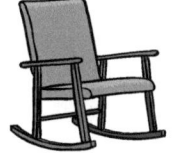

jooɗorgal timmungal

mecedora

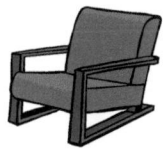

jooɗorgal tuggateengal

sillón

deftere

libro

cuddirgal

frazada

jooɗnugol

decoración

leɗɗe kuɓɓateeɗe

leña

filmo

película

materiyel hi-fi

equipo de música

coktirgal

llave

kaayit kabaruuji

diario

pentirgol

pintura

posteer

póster

rajo

radio

teskorgel

cuaderno

boɗowel pusiyeer

aspiradora

kaktis

cactus

sondel

vela

waañ
cocina

buuɓnirgal
heladera
fuur kuura
microondas
peesirgal waañ
balanza de cocina
cahirteengel
tostadora
laawyirgel
detergente
fuur
horno
konselateer
freezer
siwo kurjut
tacho de basura
lawyirgel kaake
lavaplatos

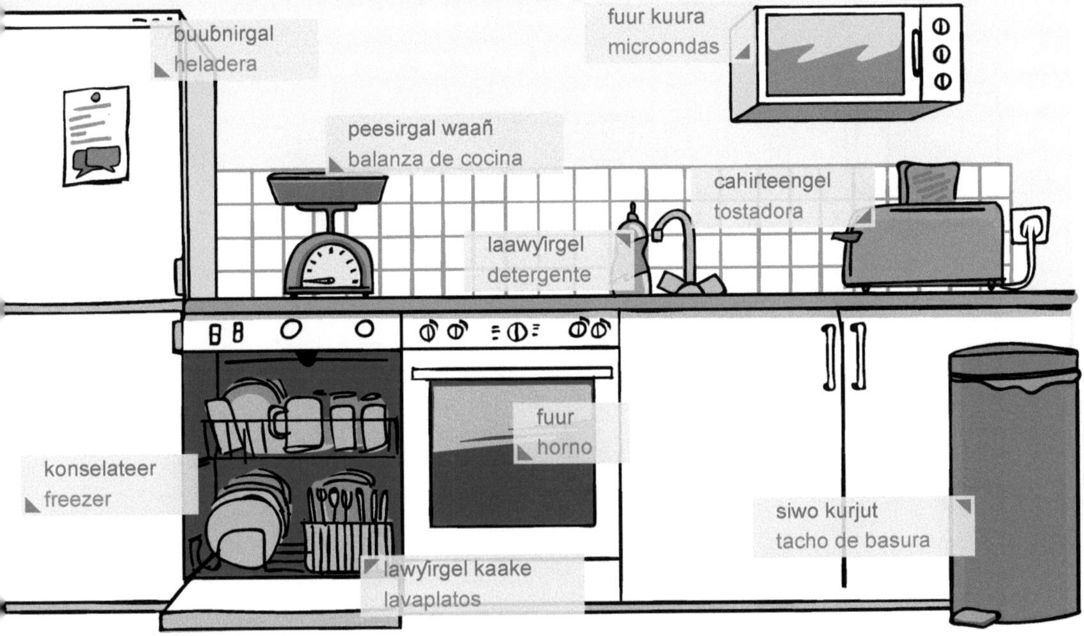

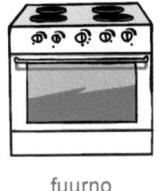

fuurno

cocina

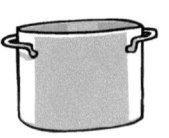

pot

olla

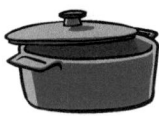

barme

olla de hierro fundido

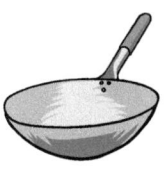

kasorol

wok

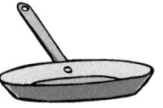

kasorol

sartén

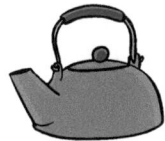

satalla

pava

suppere defirteende

vaporera

pool defirteeɗo

bandeja de horno

lawyūgol kaake

vajilla

pot jarduɗo

taza

suppeere

bol

ñibirgon ñaamdu

palitos

kuddu luus

cucharón

kayit ɗakirteeɗo

estpátula

iirtude

batidora

ceɗirgel

colador

tame

colador

keefirgel

rallador

moññirgal

mortero

juɗgol

parrilla

jeyngol e henndu

fogata

coppirgal

tabla de picar

degnirgel ñaamdu
feewnateendu

palo de amasar

udditirgel butel

sacacorchos

buwaat

lata

udditirgel buwat

abrelatas

nangirgel pot

manopla

siimtude

pileta

boros

cepillo

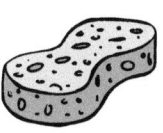

eppoos

esponja

jiibirgel

batidora

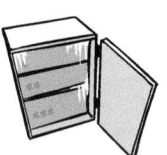

battowel galaas

congelador

jardugel tiggu

mamadera

robine

canilla

tarodde
baño

lootogol
ducha
gulnirgel suudo
calefacción
momtirgel
toalla
birnirgel lootorgal
cortina de ducha
lootogol e ngufu
baño de espuma
ngaska buftorteengo
bañadera
weer
vaso
masinŋ lootnoowo
lavarropas
robine
canilla
kette senge
baldosas
potsamburu
pelela
siimtude
pileta

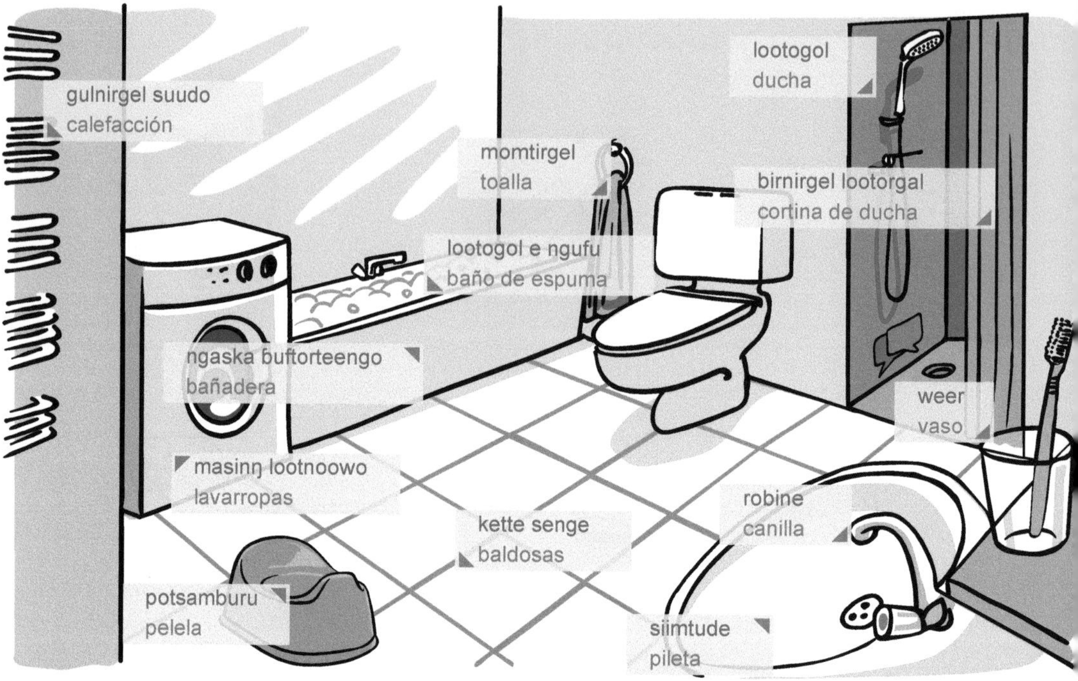

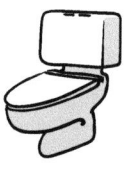

taarorde

inodoro

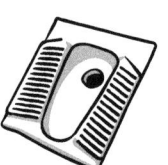

joɗorgal kuwirteengal

letrina

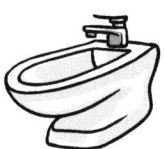

biisirgel ndiyam

bidé

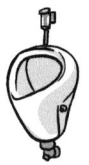

taarodde

mingitorio

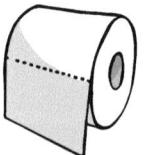

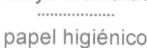

kaayit momtirɗo

papel higiénico

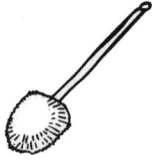

boros taarorde

cepillo para el inodoro

coccorgal ƴiiye

cepillo de dientes

sabunde ƴiiye

dentífrico

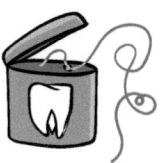

gaarowol ñiire

hilo dental

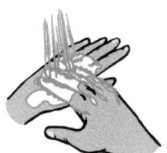

lawƴude

lavar

boggol lootirteengol

ducha de mano

ɓuftogol

ducha higiénica

loowirteengel

palangana

demirgel huɗo

cepillo para espalda

sabunnde

jabón

saabunde ɓuftorteende

gel de ducha

sampoye

shampoo

limsere wiro

toallita

ciiygol

desagüe

kerem

crema

uurnirgel

desodorante

daandorgal

espejo

daandorgal pamoral

espejito

pembirgel

maquinita de afeitar

ngufu pembol

espuma de afeitar

moomiteengel pembol

aftershave

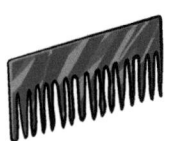

yeesoode

peine

boros

cepillo

joornirgel sukunndu

secador de pelo

peewnirgel sukunndu

spray

makiyaas

maquillaje

jooɗirgel toni

lápiz de labios

momtirgel cegeneeji

esmalte para uñas

garowol wiro

algodón

siso cegeneeji

tijera para uñas

parfon

perfume

waxande lootorgal

portacosméticos

kuudi

banqueta

peesirgal

balanza

wutte cuftorteeɗo

bata

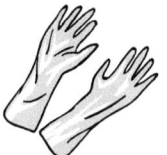

gaŋuuji dalli

guantes de goma

momtirer ƴiiƴam ella

tampón

kuus tiggu

toallita femenina

lootogol simik

baño químico

suudu sakaaɓe

cuarto de los chicos

pindinirgel
despertador
kullel fijirde
peluche
oto pijirgel
coche de juguete
dillere
sonajero
galle pijirgel
casa de muñecas
hannde
regalo

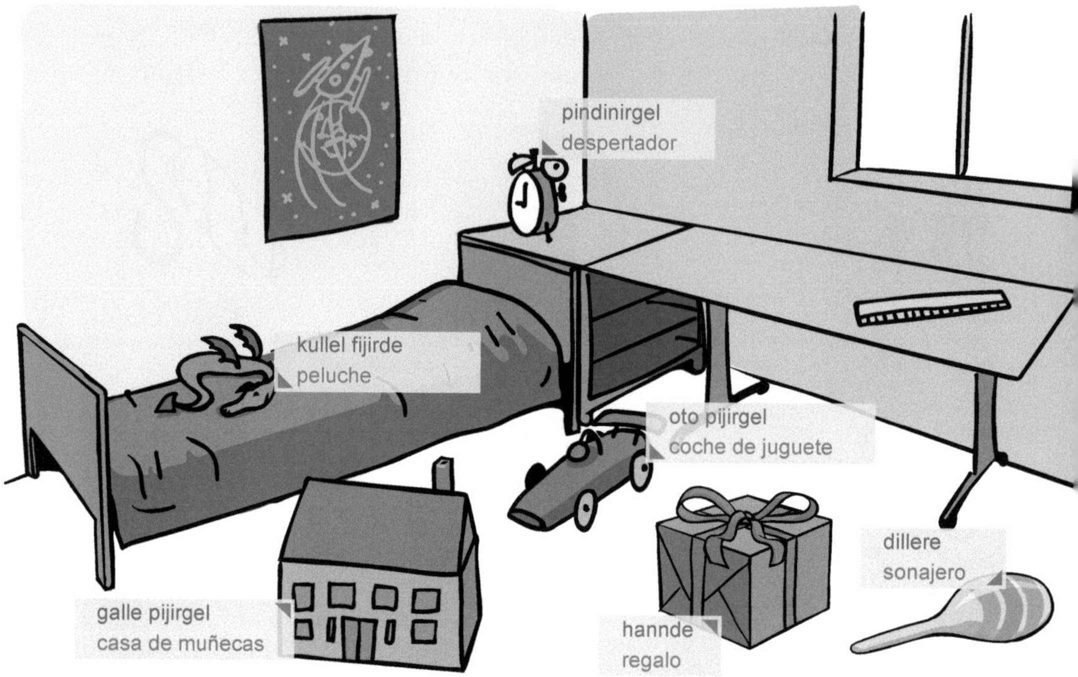

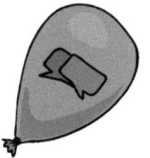

sumalle dalli

globo

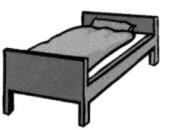

leeso

cama

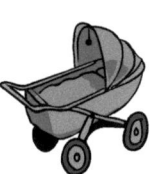

duñirgel tiggu

cochecito

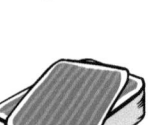

nokkere karte

cartas

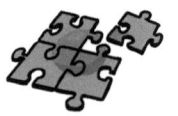

fijirde lombondirgol

rompecabezas

SUPER
MEGA

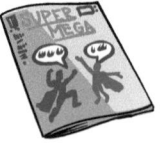

njalniika

historieta

pijirgel tuufeeje

piezas de lego

tuufeeje

ladrillos de juguete

pijirgel

figura de acción

comcol tiggu

enterito (de bebé)

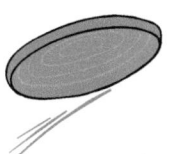

palaat diwwoow

frisbee

noddirgel

móvil para bebés

pijirgel

juego de mesa

dee

dados

ñemtinirgel laana ndegoowa

tren eléctrico

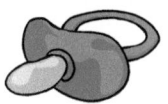

neɗɗo fuuunti

chupete

fijirde

fiesta

deftere nate

libro de cuentos ilustrado

bal

pelota

puppe

muñeca

fijde

jugar

mbalka ceenal

arenero

beeltirgal

hamaca

pijirgel

juguetes

pijiteengel see widewo

consola de videojuegos

welo biifi tati

triciclo

pijirgel kullel urs

osito de peluche

armuwaar

armario

comcol

ropa

kawase

medias

kawase

medias panty

tuubayon ɓittukon

calzas

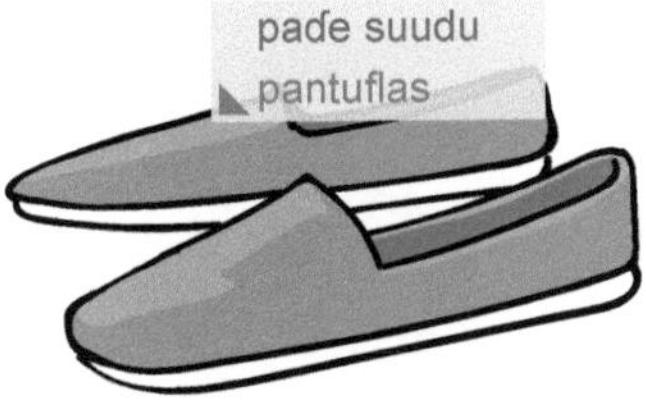

musuuro
bufanda

paraseewal
paraguas

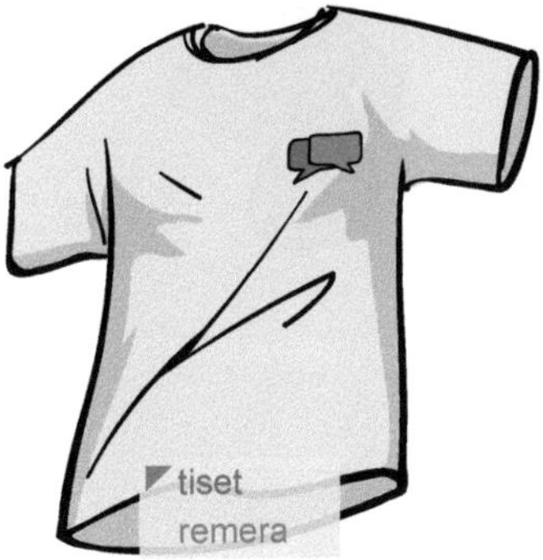

tiset
remera

dadorde
cinturón

pađe toowđe
botas

pađe suudu
pantuflas

pađe bokkateeđe
zapatillas

pađe diwa
....
sandalias

pađe
....
zapatos

pađđe toowđe lirotoođe
....
botas de goma

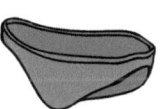

cakkirđi
....
ropa interior

sucengors
....
corpiño

silet
....
chaleco

comcol - ropa

45

banndu

body

tuuba

pantalones

jiin

jeans

robbo

pollera

buluson

blusa

simis

camisa

piliweer

pulóver

weste nebbu

buzo

layset

blazer

jaget

campera

weste juuɗɗo

tapado

wutte toɓo

piloto

kostim

traje

robbo

vestido

robbo yange

vestido de novia

weste

traje

wutte baalduɗo

camisón

pijama

pijama

sari

sari

muusooro

pañuelo para cabeza

kaala

turbante

kaala

burka

sabndoor

caftán

abbaay

abaya

comcol lumbirogol

traje de baño

cakkirɗi

short de baño

kilot

shorts

joogin

jogging

limsere deffowo

delantal

gaɲuuji

guantes

ɓoɗɗirgel
botón

lone
anteojos

jawo
pulsera

cakka
collar

feggere
anillo

hootonde
aro

laafa
gorra

liggirgal weste
percha

laafa
sombrero

karawat
corbata

zip
cierre

laafa ndeenka
casco

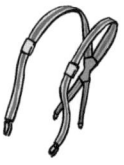

ganŋ
tiradores

comcol duɗal
uniforme escolar

iniform
uniforme

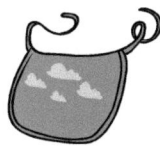

sarbetel daande

babero

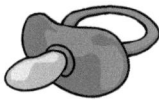

neɗɗo fuuunti

chupete

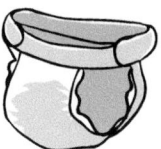

kuus

pañal

gollirgal
oficina

serveer
servidor
baxane doodiyeeji
archivero
jaltinirgel kaayit
impresora
kaayit
papel
ekaran
monitor
suuri
mouse
biro
escritorio
caawiirgel doosiyeeji
carpeta
tappirde
teclado
joodorgal
silla
suwo kurjut
tacho (de basura)
ordinateer
computadora

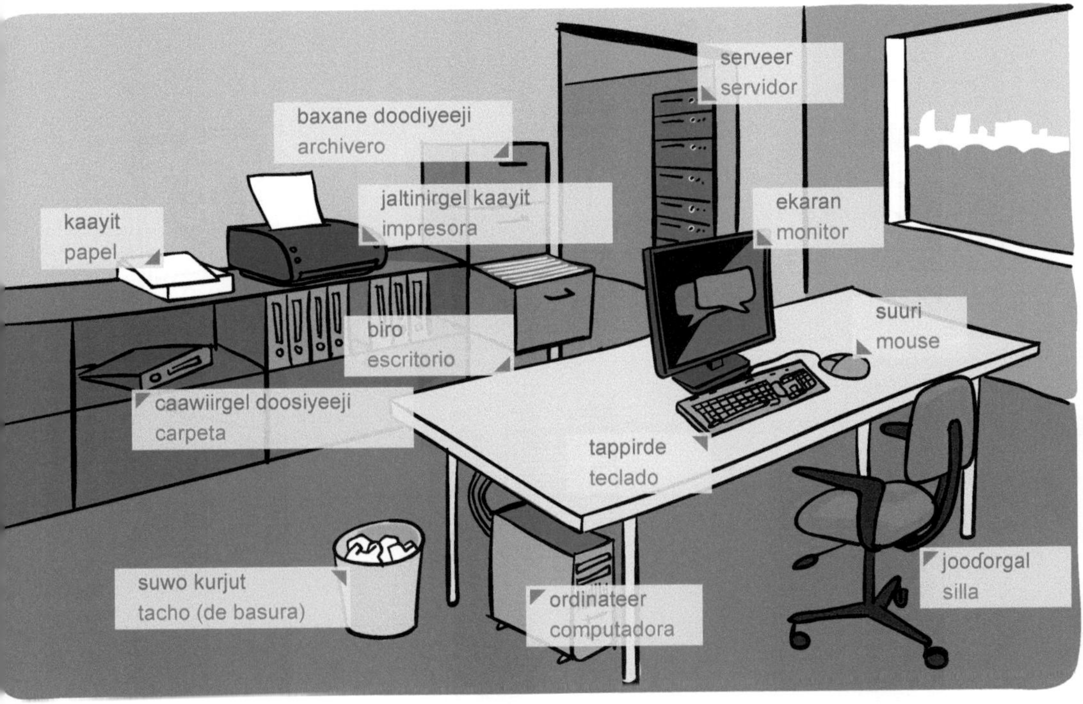

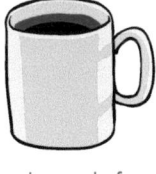

kuppu kafe

taza de café

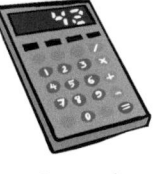

qiimorgal

calculadora

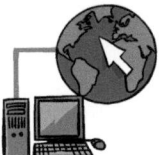

enternet

internet

ordinateer beelnateeɗo
....
laptop

bataake
....
carta

bataake
....
mensaje

noddirgel
....
celular

reso
....
red

cottitirgel
....
fotocopiadora

losisiyel
....
software

noddirgel
....
teléfono

ceŋirgel ɓoggol kuura
....
tomacorriente

masinŋ faks
....
fax

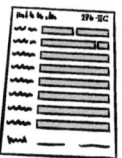

mbaadi
....
formulario

dokiman
....
documento

soodde

comprar

soodde

pagar

yeyde

hacer negocios

kaalis

dinero

dolaar

dólar

eroo

euro

yen

yen

ruubal

rublo

faran Siwis

franco suizo

yuwaan renminbi

yuan

rupii

rupia

masinŋ keestorɗo kaalis

cajero automático

nokku beccugol e neldugol

casa de cambio

kanŋe

oro

kaalis

plata

esaans

petróleo

sembe

energía

coggu

precio

kontara

contrato

taks

impuesto

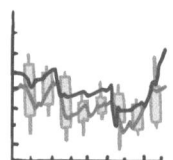

marsandiss moftaaɗo

acción

gollude

trabajar

gollinteeɗo

empleado

gollinoowo

empleador

isin

fábrica

bitik

negocio

haajuuji

ocupaciones

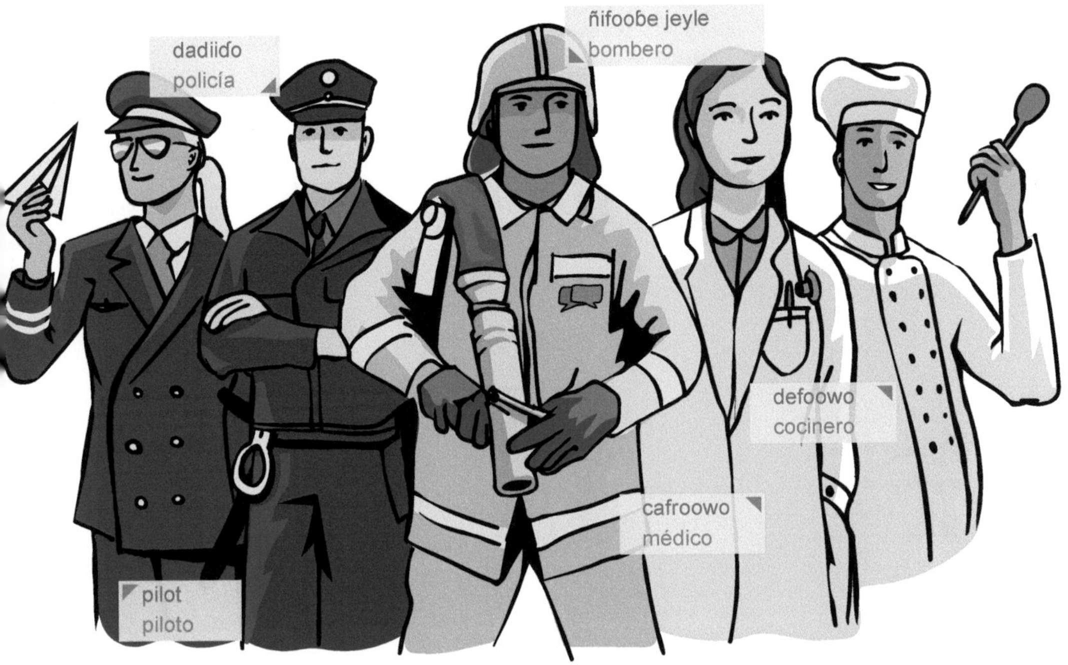
ñifooɓe jeyle
bombero
dadiiɗo
policía
defoowo
cocinero
cafroowo
médico
pilot
piloto

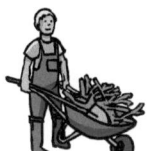

toppitiiɗo sardin

jardinero

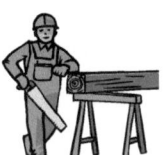

minise

carpintero

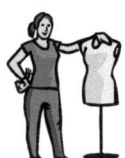

ñootoowo

modista

ñaawoowo

juez

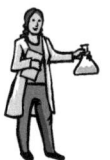

simist e ɗemngal farayse

farmacéutico

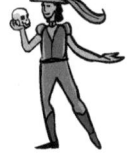

aktoor

actor

dognoowo biis

colectivero

dognoowo taksi

taxista

gawoowo

pescador

pittoowo

mucama

cengirɗe huɓeere

techista

carwoowo

mozo

daddoowo

cazador

pentiroowo

pintor

piyoowo mburu

panadero

gollowo kuura

electricista

mahoowo

albañil

enseñeer

ingeniero

jeyoowo teew keso

carnicero

polombiyer

plomero

nawoowo ɓatakuuji

cartero

kooninke

soldado

diidoowo ɓahanteeri

arquitecto

kestotooɗo

cajero

jeyoowo fuloraaji

florista

mooroowo

peluquero

dognoowo

cobrador

mekanisiyenŋ

mecánico

kapiteen

capitán

cafroowo ƴiiƴe

dentista

miijotooɗo

científico

kellifaaɗo diine to israayel

rabino

imaam

imán

muwaan e e ɗemngal farayse

monje

kellifaaɗo diine heerereeɓe

sacerdote

kuutorɗe
herramientas

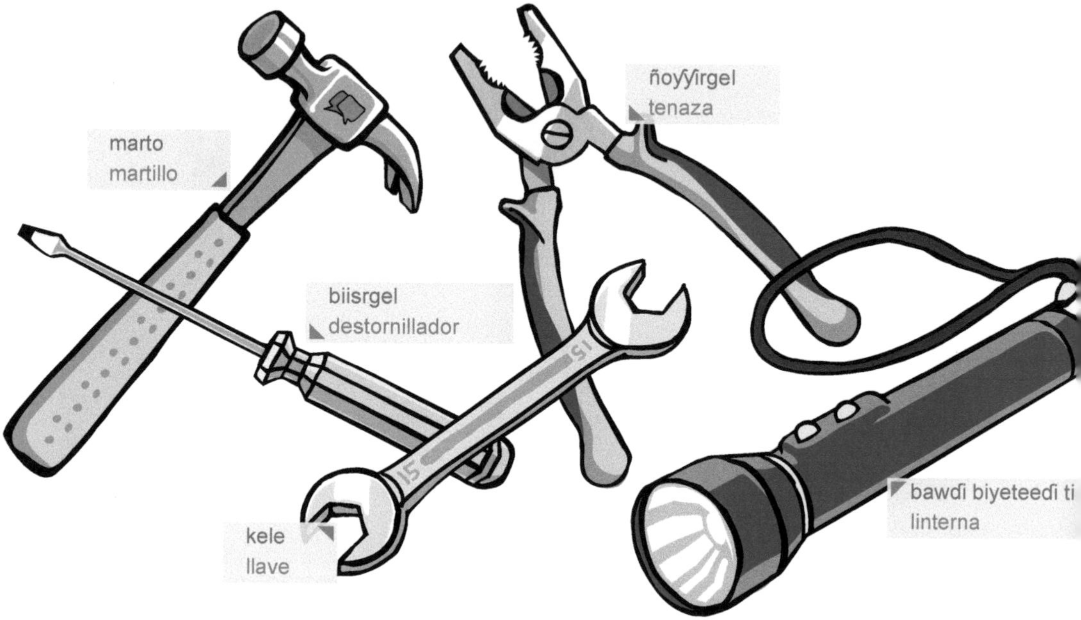
marto
martillo
ñoyƴirgel
tenaza
biisrgel
destornillador
kele
llave
bawɗi biyeteeɗi ti
linterna

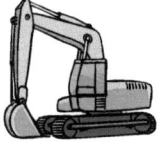

pikku
excavadora

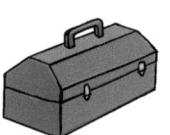

baxanel kaɓorɗe
caja de herramientas

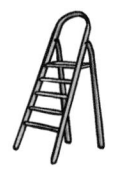

ŋabbirgal
escalera portátil

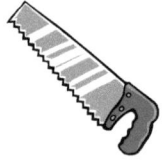

tayɓirgal
sierra

yiɓirɗe
clavos

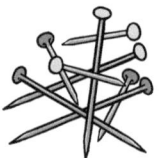

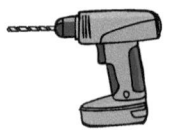

julirgal
taladro

fewnitde
....
arreglar

nokkirgel
....
pala de jardín

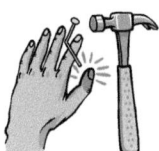

Soo!
....
¡Qué bronca!

ɓoftirgel kurjut
....
pala de plástico

pot penttiir
....
tacho de pintura

wiisuuji
....
tornillos

kongirgon misik

instrumentos musicales

kongateeɗe
batería

nantinooji
parlante

hoddu
guitarra

duubl baas
contrabajo

liital
trompeta

piayaano

piano

wiyolon

violín

baas

bajo

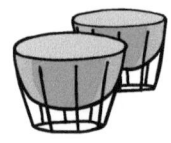

bowɗi biyeteeɗi timpani

timbales

bawɗi

tambor

tappirgal

teclado

saksofoon

saxofón

nguurdu

flauta

mikoro

micrófono

nokku kullon
zoológico

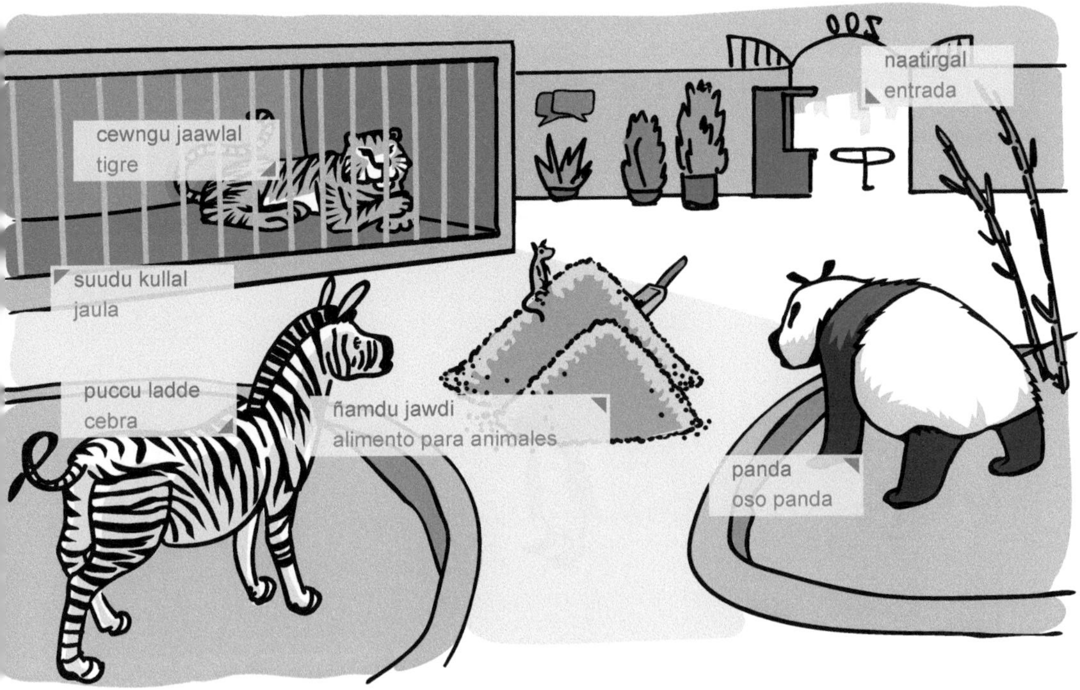

cewngu jaawlal
tigre
naatirgal
entrada
suudu kullal
jaula
puccu ladde
cebra
ñamdu jawdi
alimento para animales
panda
oso panda

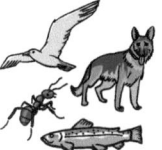

kulle
animales

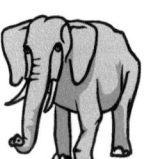

ñiiwa
elefante

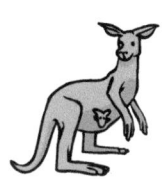

kanguru
canguro

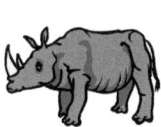

rinoseros
rinoceronte

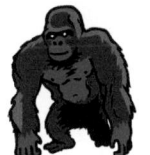

waandu mowndu
gorila

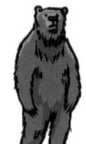

urs
oso

ngelooba

camello

sundu burndu mownude

avestruz

mbaroodi

león

waandu

mono

ñaaral pural

flamenco

seku

loro

urso galaas

oso polar

liingu wiyeteendu penguwe

pingüino

lingu reke

tiburón

ndiwri wiyeteendu pawon

pavo real

laadoori

serpiente

nooro

cocodrilo

deenoowo zoo

cuidador del zoológico

togoori ndiyam wiyeteendu
fok e farayse

foca

cewngu

jaguar

molu
....
poni

cewngu
....
leopardo

ngabu
....
hipopótamo

njabala
....
jirafa

ciilal
....
águila

mbabba tugal
....
jabalí

liingu
....
pescado

heende
....
tortuga

kullal biyeteengal morse
....
morsa

renaar
....
zorro

lella
....
gacela

Fuggukoyngel Amerknaaɓe
fútbol americano

dognugol welo
ciclismo

tenis
tenis

beysbol
básquet

lumbagol
natación

boks
boxeo

fuggukoyngel e galaas
hockey sobre hielo

Fuggukoyngel
fútbol

badminton
bádminton

atelettuuji
atletismo

hanbol
handball

fijirɗe deggol e nees
esquí

polo
polo

golle

actividades

jalde
reír
diwde
saltar
ɓuucaade
abrazar
yaade
caminar
yimde
cantar
hoyɗitaade
soñar
juulde
rezar
ɓuucaade
besar

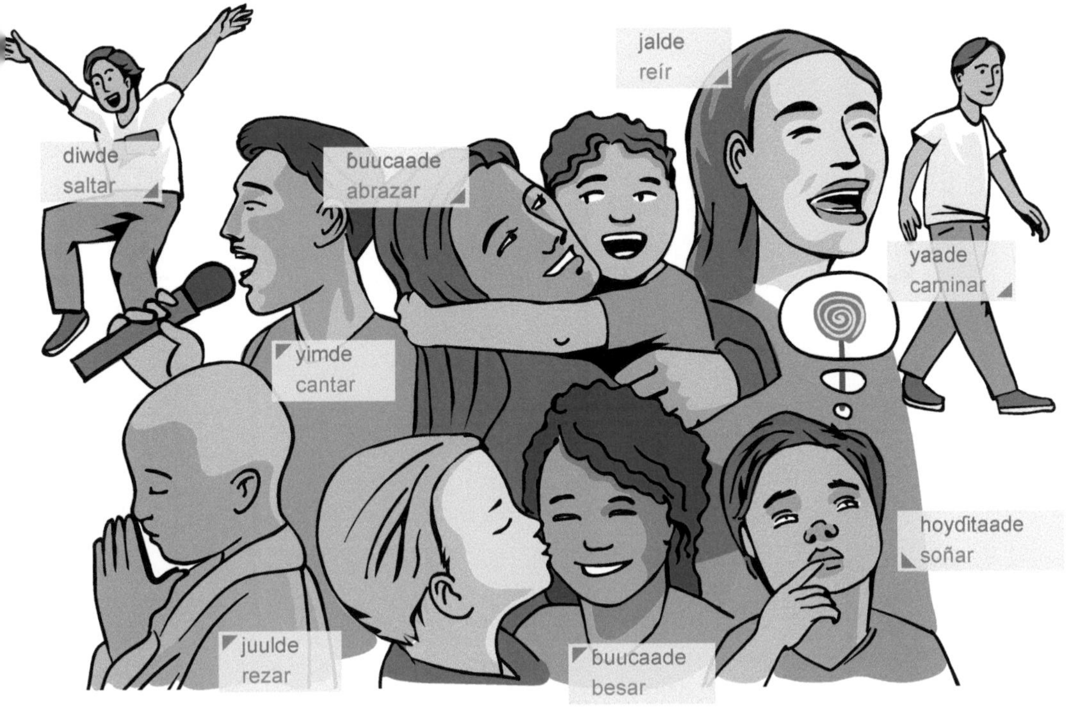

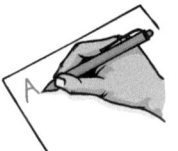

windude

escribir

siifde

dibujar

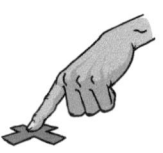

hollude

mostrar

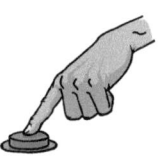

duñde

presionar

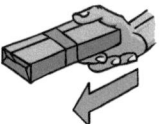

rokkude

dar

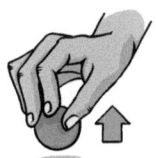

ƴettude

tomar

deñde

tener

wađde

hacer

wonde

ser

ummaade

estar parado

dogde

correr

foođde

tirar

weddaade

tirar

yande

caer

fende

estar acostado

sabbaade

esperar

roondaade

llevar

joođaade

estar sentado

ɓoornaade

vestirse

ɗaanaade

dormir

finde

despertar

ỹeewde

mirar

woyde

llorar

helde

acariciar

yeesaade

peinar

haalde

hablar

faamde

entender

naamnaade

preguntar

heɗaade

escuchar

yarde

beber

ñaamde

comer

hawrinde

ordenar

yiɗde

amar

defde

cocinar

dognude

manejar

diwde

volar

awyũde

navegar

qimaade

calcular

jangude

leer

jangude

aprender

gollude

trabajar

resde

casarse

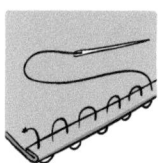

ñootde

coser

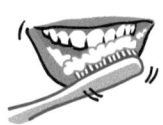

soccaade ɲiiɲe

cepillarse los dientes

warde

matar

simmaade

fumar

neldude

enviar

niraaɗo debbo
uela

taaniraaɗo gorko
abuelo

baabiraaɗo
padre

yummiraaɗo
madre

tiggu
bebé

biɗɗo debbo
hija

biɗɗo gorko
hijo

koɗo

invitado

goggiraaɗo

tía

kaawiraaɗo

tío

mowniraaɗo gorko

hermano

mowniraaɗo debbo

hermana

ɓandu
cuerpo

tiinde
frente
yiitere
ojo
walabo
hombro
feɗendu
dedo
yeeso
cara
waare
pera
jungo
mano
endu
pecho
koyngal
pierna
jungo
brazo

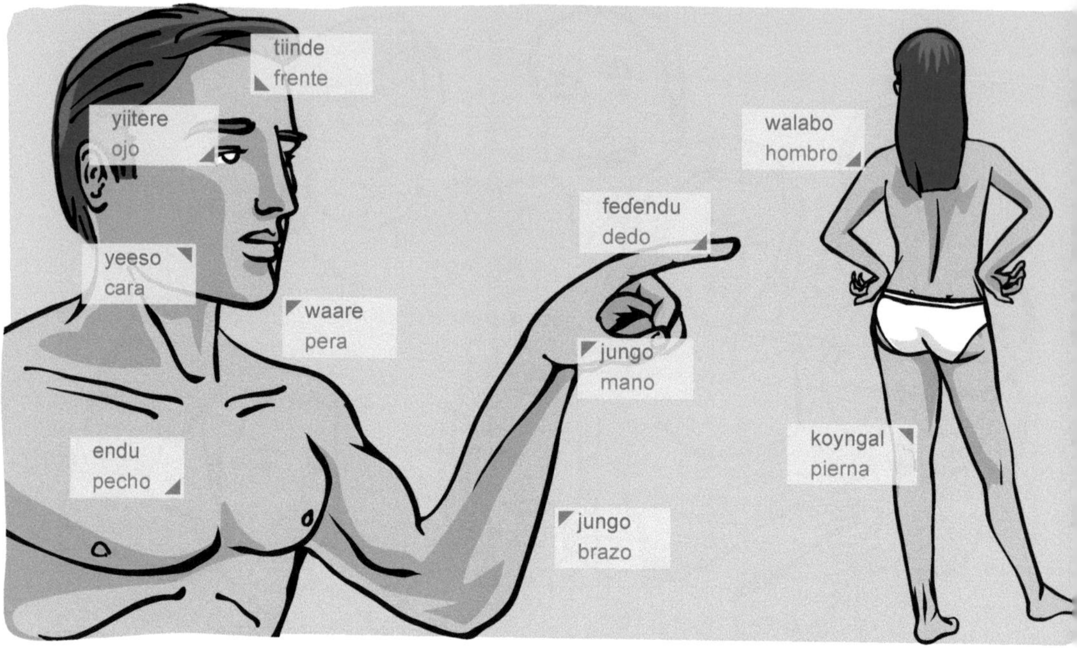

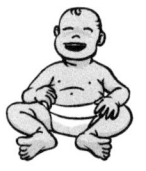

tiggu
bebé

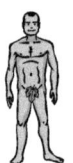

gorko
hombre

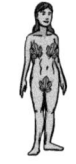

debbo
mujer

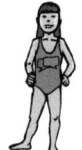

deftere kongoli
nena

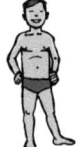

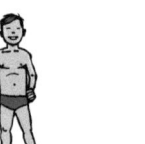

suka gorko
nene

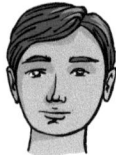

hoore
cabeza

keeci

espalda

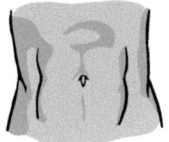

reedu

panza

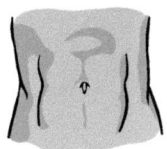

wuddu

ombligo

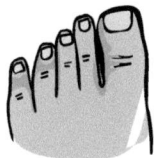

feɗendu koyngal

dedo del pie

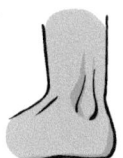

jaɓɓorgal

talón

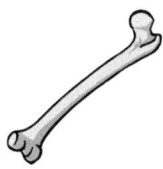

ƴiyal

hueso

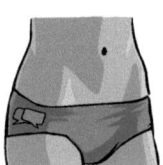

rotere

cadera

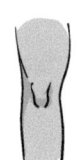

hofru

rodilla

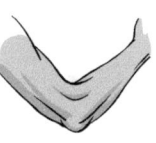

salndu junngu

codo

hinere

nariz

dote

cola

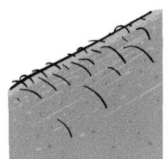

nguru

piel

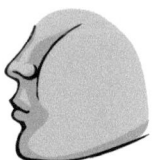

aɓɓulo

cachete

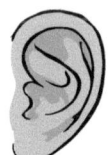

nofru

oreja

tonndu

labio

ɓandu - cuerpo

hunuko

boca

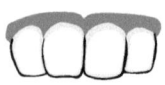

ñiire

diente

ɗemngal

lengua

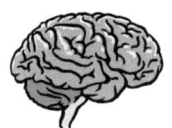

ngaandi

cerebro

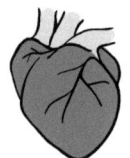

ɓernde

corazón

 yĩyal

músculo

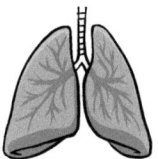

wecco

pulmón

heeñere

hígado

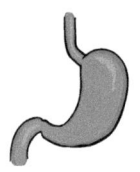

estoma

estómago

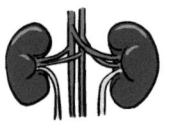

tekteki mawni

riñones

terɗe

sexo

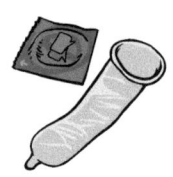

laafa ndeenka

preservativo

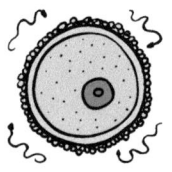

ɓoccoonde maniya

óvulo

maniya

semen

reedu

embarazo

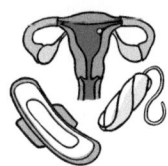

ɲiiɲam ella

menstruación

farja

vagina

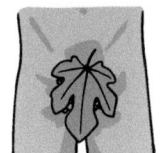

kaake

pene

leeɓi dow yiitere

ceja

sukunndu

pelo

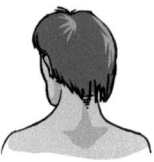

daande

cuello

suudu safirdu
hospital

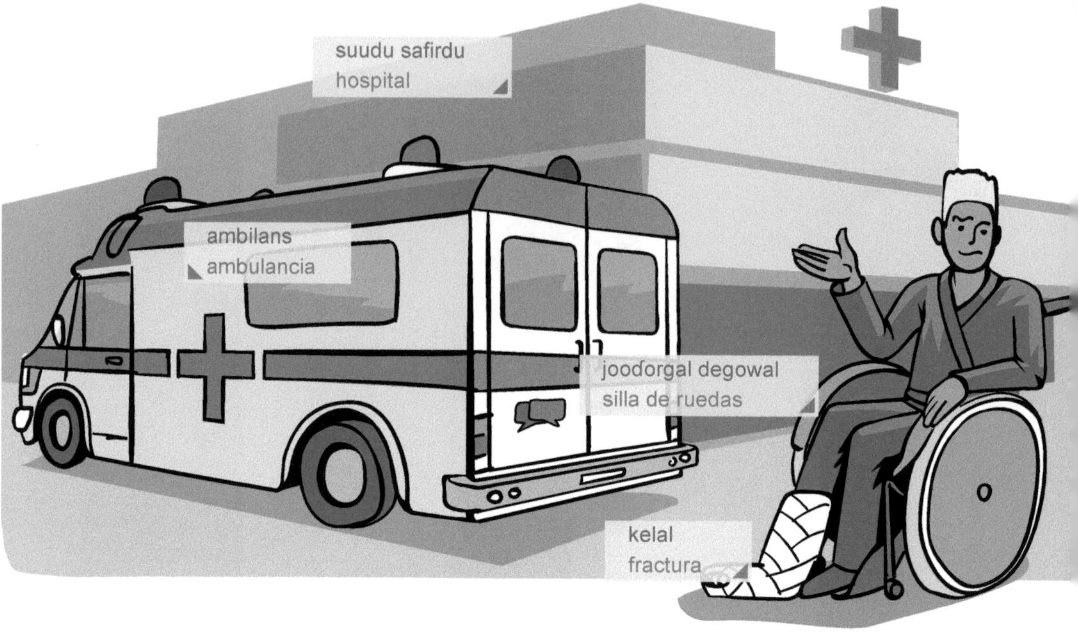

suudu safirdu
hospital
ambilans
ambulancia
jooɗorgal degowal
silla de ruedas
kelal
fractura

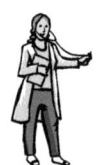

cafroowo

médico

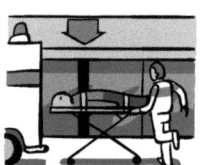

suudo irsaans

sala de guardia

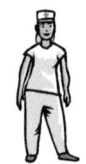

cafroowo

enfermera

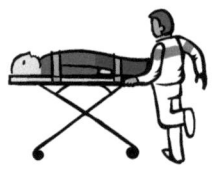

irsaans

emergencia

paɗɗiiɗo

inconsciente

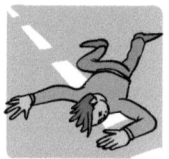

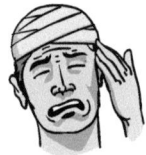

muuseeki

dolor

gaañande

lesión

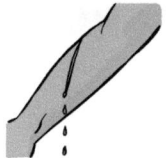

tuyƴude

hemorragia

bernde dartiinde

infarto

darogol ɓernde

ACV

alersi

alergia

ɗojjugol

tos

nguleeki ɓandu

fiebre

maɓɓo

gripe

reedu dogooru

diarrea

muuseeki hoore

dolor de cabeza

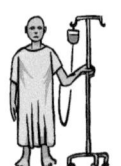

kanser

cáncer

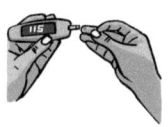

jabet

diabetes

operasiyon

cirujano

ceekirgel

bisturí

operasiyon

operación

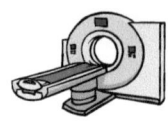

CT
TC

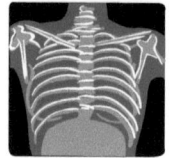

reyon-x
rayos x

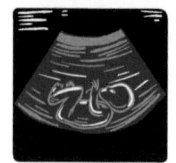

iltarason
ecografía

mask yeeso
barbijo

ñaw
enfermedad

suudu sabbordu
sala de espera

sawru tuggorgal
muleta

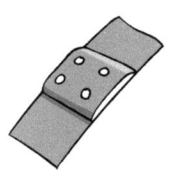

palatar
curita

bandaas
venda

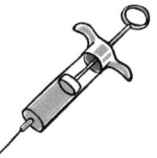

pikkitagol
inyección

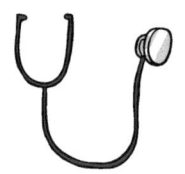

keɗirgel dille ɓandu
estetoscopio

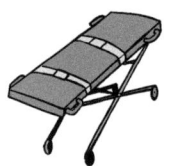

balankaaru
camilla

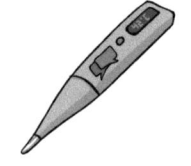

betirgel nguleeki ɓanndu
termómetro

jibinegol
nacimiento

ɓandu ɓurtundu
sobrepeso

ɓallotirgel nonooje
audífono

desefektan
desinfectante

infeksiyon
infección

viris
virus

HIV / SIDA
VIH / SIDA

safaara
remedio

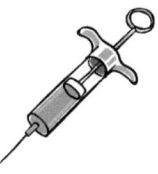

ñakko
vacunación

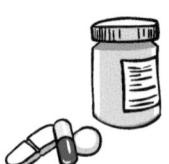

tabletuuji
comprimidos

foɗɗere
pastilla anticonceptiva

noddaango heñoraango
llamada de emergencia

ɓetirgel dogdu ƴiiƴam
tensiómetro

sellaani / salli
enfermo / sano

Paaboɗe!

¡Ayuda!

tintinirgel

alarma

jangol

agresión

yande e

ataque

musiiba

peligro

damal dandirgal

salida de emergencia

Paaboɗe!

¡Fuego!

ñifirgel jeynge

matafuego

aksida

accidente

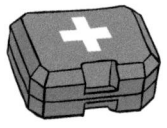

geɗe cafrorɗe gadane

botiquín de primeros
auxilios

BALLAL

SOS

Polis

policía

Erop

Europa

Amerik to Rewo

América del Norte

Amerik to Worgo

América del Sur

Afiriki

África

Asi

Asia

Ostarali

Australia

Atalantik

Atlántico

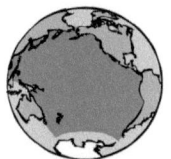

Pasifik

Pacífico

Oseyan Enje

Océano Índico

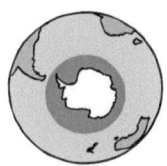

Oseyan Antarktik

Océano Antártico

Osean Arkatik

Océano Ártico

Bange Rewo

polo norte

Bange Worgo

polo sur

Antarktik

Antártida

Leydi

Tierra

leydi

tierra

maayo mawngo

mar

wuro nder ndiyam

isla

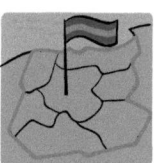

leydi

nación

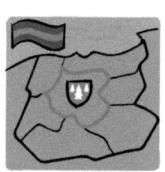

jamaanu

estado

yeeso montoor
....
esfera

misalel waqtu
....
manecilla de las horas

misalel hojomaaji
....
minutero

misalel majanɗe
....
segundero

Hol waqtu jonɗo?
....
¿Qué hora es?

ñalawma
....
día

saha
....
hora

jooni
....
ahora

montoor disitaal
....
reloj digital

hojom
....
minuto

waqtu
....
hora

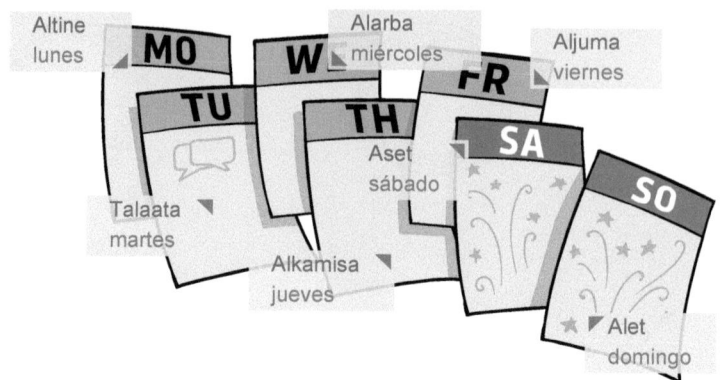

Altine / lunes
Alarba / miércoles
Aljuma / viernes
Talaata / martes
Aset / sábado
Alkamisa / jueves
Alet / domingo

hanki
ayer

hande
hoy

jango
mañana

subaka
mañana

beetawe
mediodía

kikiiɗe
tarde

MO	TU	WE	TH	FR	SA	SU
1	2	3	4	5	6	7
8	9	10	11	12	13	14
15	16	17	18	19	20	21
23	23	24	25	26	27	28
29	30	31	1	2	3	4

ñalawmaaji golle
días hábiles

MO	TU	WE	TH	FR	SA	SU
1	2	3	4	5	6	7
8	9	10	11	12	13	14
15	16	17	18	19	20	21
22	23	24	25	26	27	28
29	30	31	1	2	3	4

ñalamaaji fooftere
fin de semana

hitaande
año

tobo
lluvia
timtimol
arco iris
nees
nieve
hendu
viento
caggal dabbunde
primavera
dabbunde
otoño
ndungu
verano
dabbunde
invierno

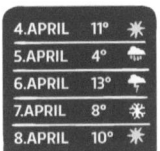

4.APRIL 11°
5.APRIL 4°
6.APRIL 13°
7.APRIL 8°
8.APRIL 10°

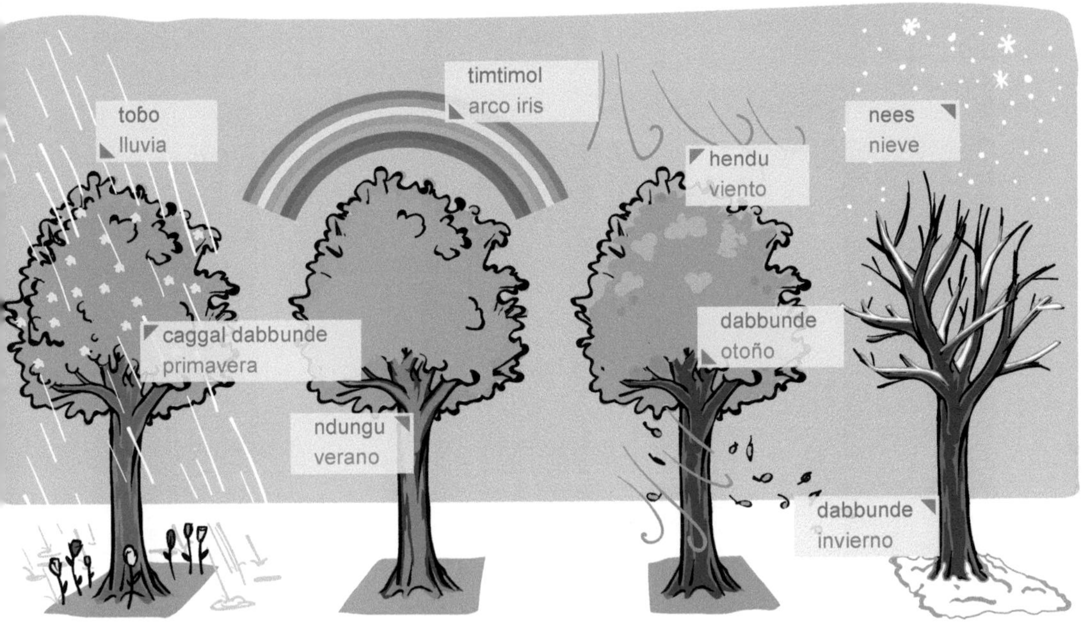

kabrugol geɗe weeyo
....
pronóstico meteorológico

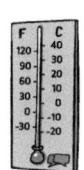

F C
120 40
90 30
60 20
30 10
0 0
-30 -10
-20

ɓetirgal nguleeki
....
termómetro

nguleeki naange
....
luz del sol

duulal
....
nube

niɓɓere niwri
....
niebla

ɓuuɓol
....
humedad

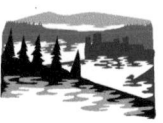

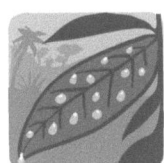

majaango

rayo

gidango

trueno

hendu yaduungo e gidaali

tormenta

toɓo mawngo

granizo

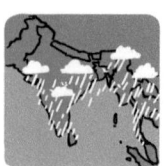

keneeli mawɗi

monzón

toɓo yooloongo

inundación

galaas

hielo

Janwiye

enero

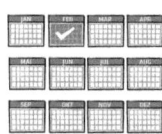

Feeviriye

febrero

Mars

marzo

Awril

abril

Me

mayo

Suwe

junio

Suliye

julio

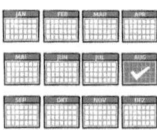

Ut

agosto

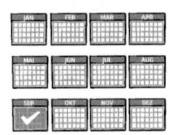

Setanbar
....
septiembre

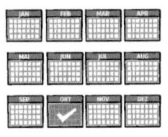

Oktobar
....
octubre

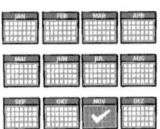

Noowambar
....
noviembre

Desambar
....
diciembre

Mbaadi
formas

taariɗum
....
círculo

bangeeji potɗi
....
cuadrado

rektangal
....
rectángulo

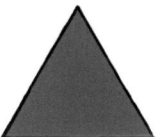

tiriyangal
....
triángulo

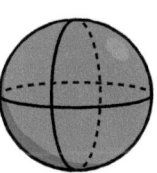

esfeer
....
esfera

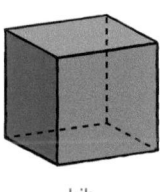

kib
....
cubo

deneejo

blanco

puro

amarillo

oraas

naranja

roos

rosa

boɗeejo

rojo

yolet

violeta

bulaajo

azul

werte

verde

baka

marrón

giri

gris

ɓaleejo

negro

heewi / famɗi

mucho / poco

mittinɗo / deeyɗo

enojado / tranquilo

yooɗi / soofi

lindo / feo

fuɗɗorde / gasirde

principio / fin

mawni / famɗi

grande / chico

leeri / ɗibbiɗi

claro / oscuro

mawniraaɗo gorko / debbo

hermano / hermana

laaɓi / tulmi

limpio / sucio

timmi / manki

completo / incompleto

ñalawma / jamma

día / noche

mayi / wuuri

muerto / vivo

yaaji / ɓitti

ancho / angosto

ñaame / ñaametaake

comestible / no comestible

bonɗum / moyƴi

malo / amable

weelti / deeyi

entusiasmado / aburrido

ɓutto / cewɗo

gordo / flaco

gadiiɗo / cakkitiiɗo

primero / último

sehil / gaño

amigo / enemigo

heewi / ɓolɗi

lleno / vacío

tiiɗi / hoyi

duro / blando

teddi / hoyi

pesado / liviano

heege / ɗomka

hambre / sed

sellaani / salli

enfermo / sano

dagaaki / dagi

ilegal / legal

ƴoyi / ƴiƴaani

inteligente / estúpido

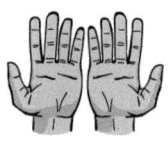

ñaamo / nano

izquierda / derecha

ɓadi / woɗɗi

cerca / lejos

keso / kiiɗɗo

nuevo / usado

haydara / huunde

nada / algo

nayeeji / suka

viejo / joven

ne heen / ala heen

encendido / apagado

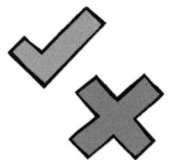

udditi / uddi

abierto / cerrado

deeƴi / dilla

silencioso / ruidoso

galo / baasɗo

rico / pobre

feewi / feewaani

correcto / incorrecto

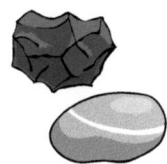

tekki / ɗaati

áspero / suave

suni / weelti

triste / contento

daɓɓo / jutɗo

corto / largo

leeli / yaawi

lento / rápido

leppi / yoori

mojado / seco

wuli / ɓuuɓi

caliente / frío

hare / jam

guerra / paz

0

meere

cero

1

goo

uno

2

điđi

dos

3

tati

tres

4

nay

cuatro

5

joy

cinco

6

jeegom

seis

7

seeđiđi

siete

8

jeetati

ocho

9

jeenay

nueve

10

sappo

diez

11

sappo e goo

once

12
sappo e ɗiɗi

doce

13
sppo e tati

trece

14
sappo e nay

catorce

15
sappo e joy

quince

16
sappo e jeegom

dieciséis

17
sappo e jeeɗiɗi

diecisiete

18
sappo e jeetati

dieciocho

19
sappo e jeenay

diecinueve

20
noogas

veinte

100
teemedere

cien

1.000
ujunere

mil

1.000.000
miliyonŋ

millón

Angale

inglés

Angale Amerik

inglés americano

Mandare Siin

chino mandarín

Indo

hindi

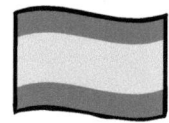

Español

español

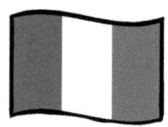

Farayse

francés

Arab

árabe

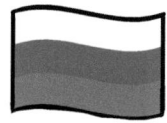

Riis

ruso

Portige

portugués

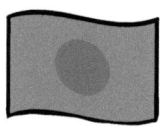

Bengali

bengalí

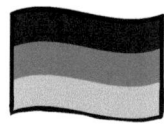

Alma

alemán

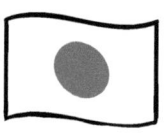

Sappone

japonés

miin

yo

ann

vos

kanŋko / kanŋko / kaňum

él / ella

minen

nosotros

onon

ustedes

kamɓe

ellos

holi oon?

¿quién?

hol ɗum?

¿qué?

hol no?

¿cómo?

hol toon?

¿dónde?

mande?

¿cuándo?

innde

nombre

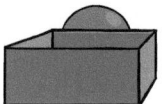

caggal

detrás

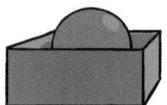

nder

en

yeeso

adelante de

hedde

por encima de

dow

sobre

les

debajo de

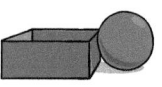

sara

al lado de

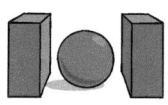

hakkunde

entre

nokku

lugar